The Usborne Book of

Everyday Words in Spanish

NEATH PORT TALBOT LIBRARIES

Designer and modelmaker: Jo Litchfield

Editors: Rebecca Treays, Kate Needham and Lisa Miles
Spanish language consultant: Esther Lecumberri
Photography: Howard Allman
Additional models by: Stefan Barnett
Managing Editor: Felicity Brooks
Managing Designer: Mary Cartwright
Photographic manipulation and design: Michael Wheatley

With thanks to Inscribe Ltd. and E[illegible] the Fimo® modelling material

D1424533
NEATH PORT TALBOT LIBRARIES

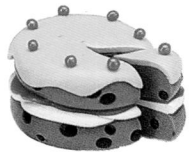

Everyday Words is a stimulating and lively wordfinder for young children. Each page shows familiar scenes from the world around us, providing plenty of opportunity for talking and sharing. Small, labelled pictures throughout the book tell you the words for things in Spanish.

There are a number of hidden objects to find in every big scene. A small picture shows what to look for, and children can look up the Spanish word for the numbers on page 43.

Above all, this bright and busy book will give children hours of enjoyment and a love of reading that will last.

NEATH PORT TALBOT LIBRARIES	
2000351622	
	09.10.04
468.242SPA	£4.99
Bug	

La familia

NEATH PORT TALBOT LIBRARIES

la hermana el hermano

la hija el padre

el hijo la madre

el gato

la abuela el abuelo

el nieto la nieta

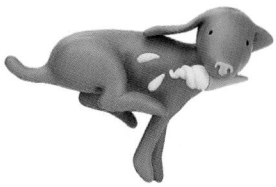

el perro

La ciudad

Busca quince coches

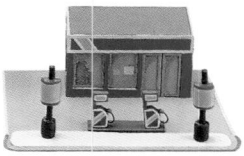

la gasolinera

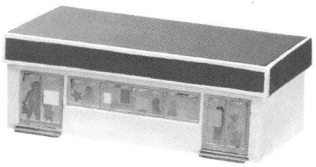

el supermercado

las tiendas

el hospital

la piscina

el colegio

el aparcamiento

el cine

el puente

La calle

Busca doce pájaros

la panadería

el camarero

el policía

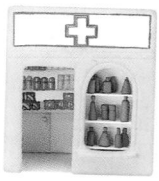

la farmacia

la silleta

la parada de autobús

la carnicería
el perro
el café
el monopatín
el bombero
el cochecito de niño
la farola
la oficina de correos
el gato
el panadero

La casa

Busca ocho tazas

la puerta

la manilla

la moqueta

el tejado

el pasamanos

el ático
el dormitorio
el estudio
el cuarto de baño
el cuarto de estar
el vestíbulo
la cocina
la chimenea
el interruptor de la luz
la alfombra
la ventana
las escaleras

El jardín

Busca diecisiete gusanos

la oruga

la maceta

la abeja

la azada

el hueso

la babosa

la mariquita

la hoja

el caracol

la hormiga

el rastrillo

la caseta del perro

el árbol

la barbacoa

la mariposa

la carretilla

las semillas

el nido

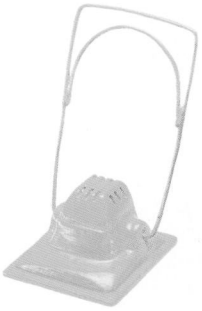

el cortacésped

La cocina

Busca diez tomates

el fregadero

el cuchillo

la lavadora

el tostador de pan

la silla

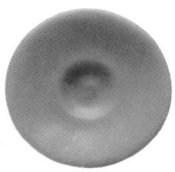

el platillo

la mesa

la taza

la sartén

el microondas
el tenedor
el colador
la cocina
la cuchara
el recogedor
el lavaplatos
el plato
el cazo
la jarra
el tazón
el frigorífico

Los alimentos

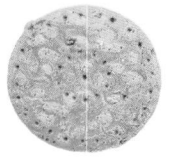

la galleta

el pan

la pasta

el arroz

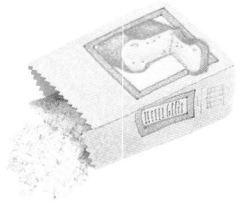

la harina

los cereales

el zumo

la bolsita de té

el café

el azúcar

la leche

la nata

la mantequilla

el huevo

el queso

el yogur

el pollo

la gamba

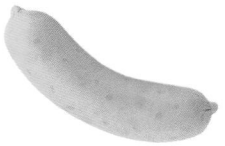

la salchicha

la panceta

el pescado

el chorizo

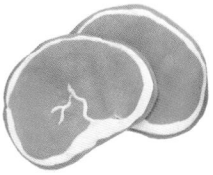

el jamón

la sopa

la pizza

la sal

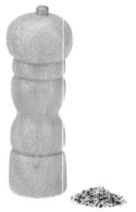

la pimienta

la mostaza

el tomate ketchup

la miel

la mermelada

las pasas

los cacahuetes

el agua

la piña

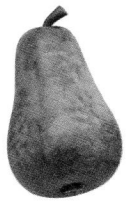
la pera

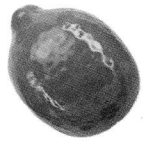
la lima

el limón

el melocotón

el albaricoque

la cereza

el plátano

la fresa

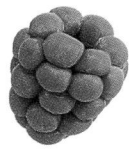
la frambuesa

el mango

el pomelo

la ciruela

el coco

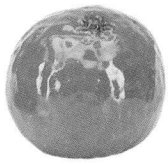
la naranja

la sandía

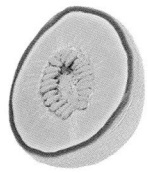
el melón

las uvas

la manzana

el kiwi

el tomate

el aguacate

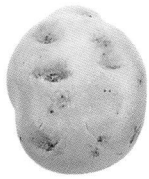
la patata

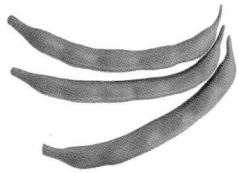
las judías verdes

el calabacín

la col

la cebolla

el champiñón

la zanahoria

la berenjena

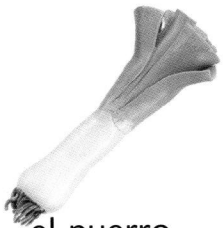
el puerro

el brócoli

la coliflor

los guisantes

las espinacas

la remolacha

la lechuga

el apio

el maíz

el pepino

el chile

el pimiento

El cuarto de estar

Busca seis casetes

el disco compacto

el monedero

el sillón

el aspirador

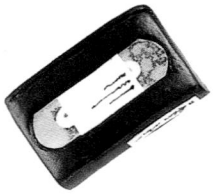

la cinta de vídeo

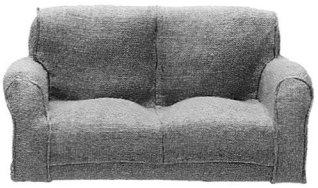

el sofá

el vídeo

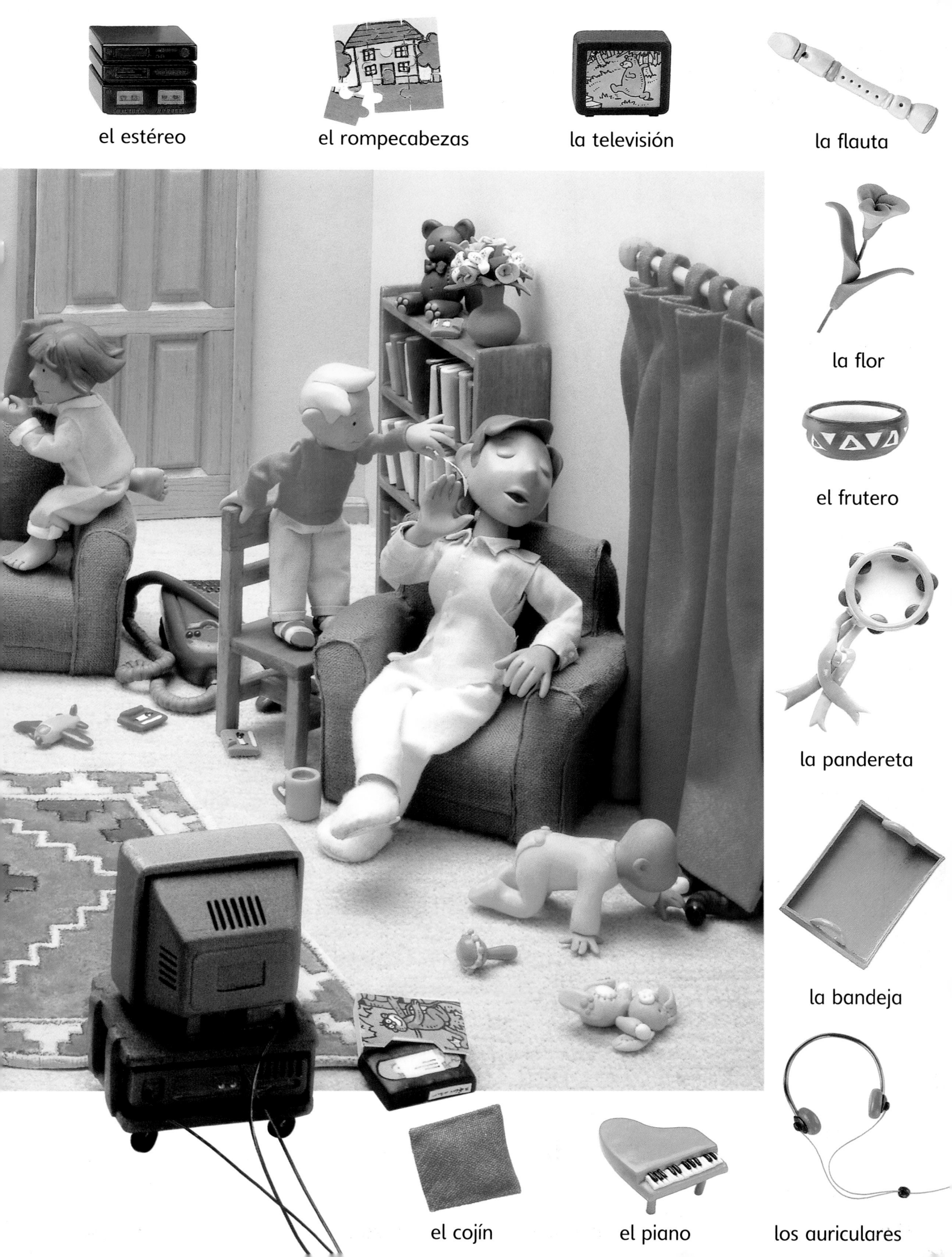
el estéreo
el rompecabezas
la televisión
la flauta
la flor
el frutero
la pandereta
la bandeja
el cojín
el piano
los auriculares

El estudio

Busca nueve bolígrafos

el escritorio

el ordenador

el teléfono

la revista

la guitarra

la planta

el libro

la pintura de cera

la fotografía

El cuarto de baño

Busca tres barcos

el jabón

el lavabo

la toalla

el tapón

el váter

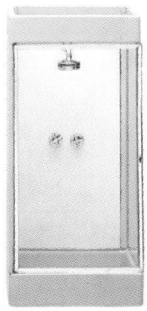
la ducha

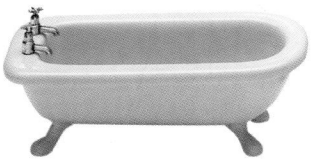
la bañera

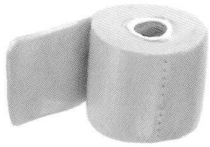
el papel higiénico

el peine

el champú

El dormitorio

Busca cuatro arañas

el cocodrilo

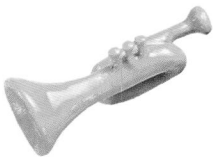

la trompeta

la cómoda

el robot

la cama

el osito de peluche

el cohete

la muñeca

el tambor

NEATH PORT TALBOT LIBRARIES

En la casa

la pasta de dientes

el cepillo de dientes

el periódico

la carta

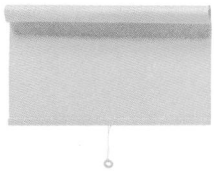

la persiana

la cortina

el edredón

la almohada

el álbum de fotos

la tabla de planchar

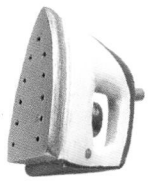

la plancha

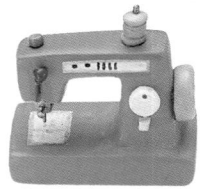

la máquina de coser

el jarrón

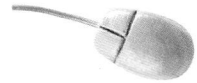

el ratón

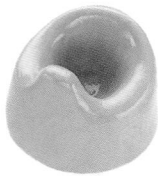

el orinal

la esponja

el grifo

el cepillo

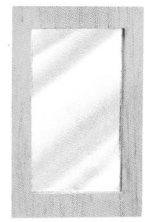

el espejo

el cubo de la basura

el detergente

la calculadora

los juguetes

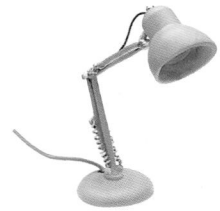

la lámpara

El transporte

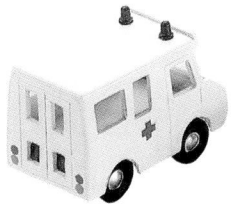

la ambulancia

el camión de bomberos

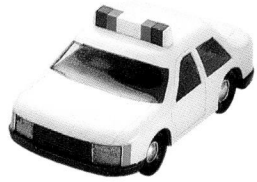

el coche de policía

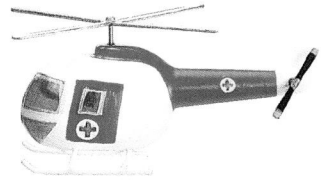

el helicóptero

el camión

el coche

la escavadora

el patinete

el barco

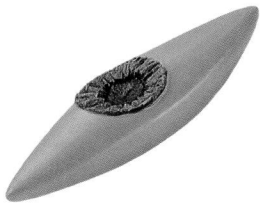

la canoa

la caravana

el avión

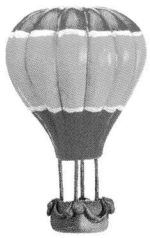

el globo aéreo

el tractor

el taxi

la bicicleta

el autobús

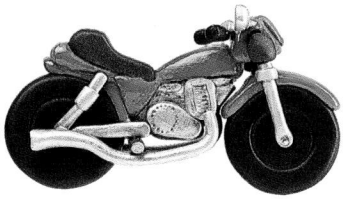

la moto

el submarino

el tren

el coche de carreras

la furgoneta

el teleférico

el coche deportivo

La granja

Busca cinco gatitos

el cerdito

el cerdo

la oca

el toro

la vaca

el ternero

el gallo

el pollito

la gallina

el granero
el conejo
la oveja
el cordero
el estanque
el burro
la cabra
el granjero
el pavo
la valla
el patito
el pato
el cachorro
el caballo

La clase

Busca veinte pinturas de cera

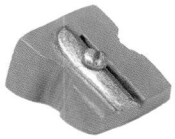

el sacapuntas

el caballete

el bolígrafo

el papel

el rotulador

la tiza

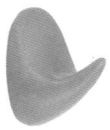

el colgador

las tijeras

la pizarra

la cuerda
el taburete
el lápiz
la goma
la cinta adhesiva
el pegamento
los cubos
la pintura
el pincel
el reloj
el cuaderno
la regla
el profesor

La fiesta

Busca once manzanas

la grabadora

el regalo

el pirata

el vaquero

la médica

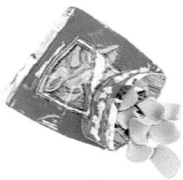

las patatas fritas

las palomitas

el globo

la cinta

la tarta
el chocolate
el helado
la tarjeta
la bailarina
la sirena
el astronauta
el caramelo
la vela
la paja
la silla alta para niños
el payaso

El camping

Busca dos ositos de peluche

la maleta

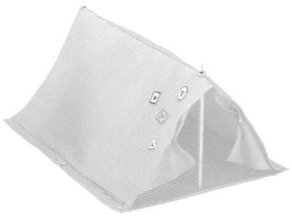

la tienda de campaña

la cámara de fotos

la radio

la mochila

el pasaporte

la linterna

el carrete de fotos
el dinero
el balón de fútbol
el paraguas
el mapa
los prismáticos
el gatito
el billete

La ropa

la camiseta

los vaqueros

el peto

el vestido

la falda

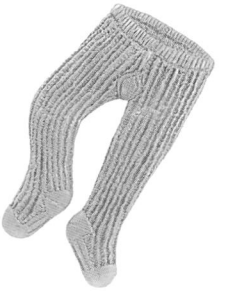

los leotardos

el pijama

el albornoz

la camiseta

el babero

el jersey

el suéter

la chaqueta

los pantalones

el delantal

la camisa

el abrigo

el chándal

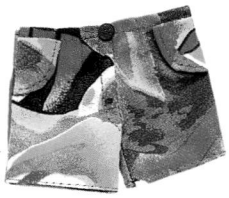

los pantalones cortos

la braga

el traje de baño

el bañador

el bikini

la corbata

el cinturón

los tirantes

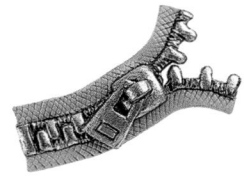

la cremallera

el botón

la bufanda

las gafas

las gafas de sol

la chapa

el reloj

el calcetín

el guante

el sombrero

la gorra

el casco

la bota

la zapatilla de deporte

la zapatilla de ballet

la zapatilla

el zapato

la sandalia

El taller

Busca trece ratones

la caja de herramientas

la regadera

el clavo

el martillo

la navaja

el destornillador

la lata

la araña

la sierra
el torno de banco
la llave
el gusano
el cubo
la pala
la cerilla
la caja de cartón
la rueda
la manguera
la cuerda
la polilla
la llave inglesa
el escobón

El parque

Busca siete balones de fútbol

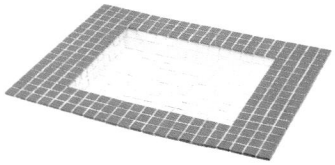

la piscina para niños

el chico

el pájaro
el sandwich
la raqueta de tenis
la hamburguesa
la cometa
el bebé
el perrito caliente
las patatas fritas
la silla de ruedas
la chica
los columpios
el subibaja
la rueda
el tobogán

Partes del cuerpo

la cabeza

la oreja

la lengua

la nariz

la boca

los dientes

el ojo

la espalda

la tripa

el ombligo

el brazo

la pierna

el codo

la rodilla

la mano

el pie

el dedo

el pulgar

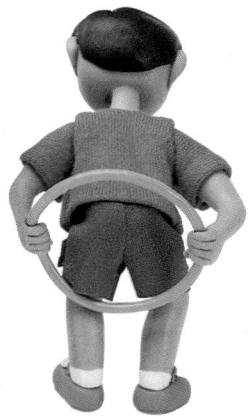

el trasero

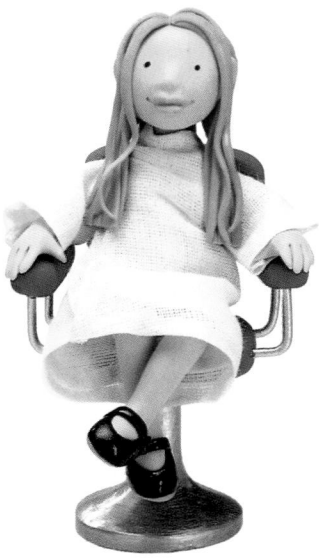

el pelo largo

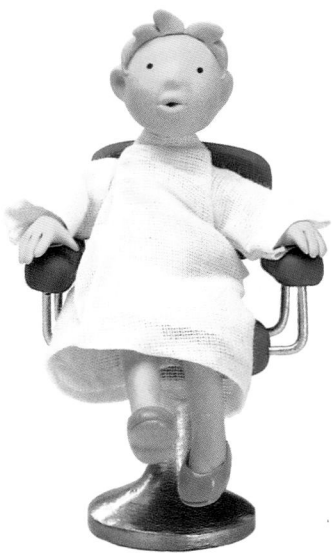

el pelo corto

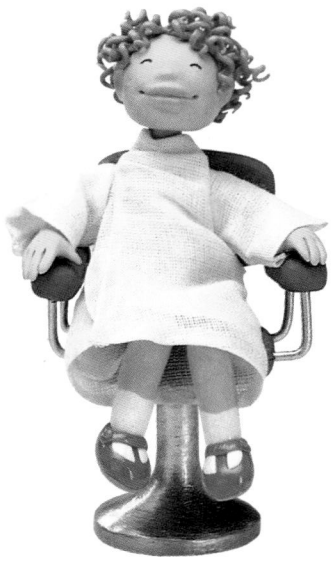

el pelo rizado

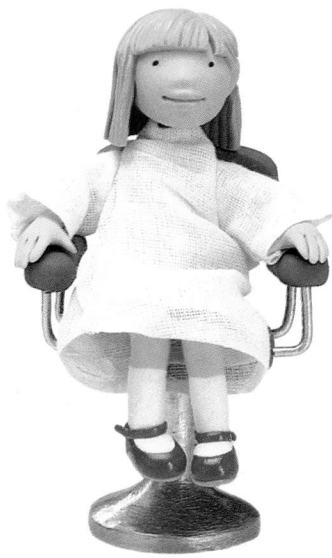

el pelo liso

Acciones

dormir

montar en bicicleta

montar a caballo

sonreír

reír

llorar

cantar

andar

correr

saltar

dar patadas al balón

escribir pintar dibujar leer cortar pegar

sentarse estar de pie empujar tirar

comer beber lavarse besar saludar

Las formas

el óvalo

el círculo

la medialuna

el triángulo

el cuadrado

el rectángulo

la estrella

Los colores

rojo

rosa

amarillo

marrón

gris

azul

morado

blanco

verde

negro

naranja

Los números

1 uno

2 dos

3 tres

4 cuatro

5 cinco

6 seis

7 siete

8 ocho

9 nueve

10 diez

11 once

12 doce

13 trece

14 catorce

15 quince

16 dieciséis

17 diecisiete

18 dieciocho

19 diecinueve

20 veinte

Word list

In this list, you can find all the Spanish words in this book. They are listed in alphabetical order. Next to each one, you can see its pronunciation guide (how to say it) in letters *like this*, and then its English translation.

Spanish nouns (words for objects) are either masculine or feminine. In the list, each one has **el** or **la**, **los** or **las** in front of it. These all mean "the". **El** and **los** are used in front of masculine nouns and **la** and **las** are used in front of feminine ones. **Los** and **las** are used in front of words that are plural (a noun is plural if there is more than one of something, for example "cats").

About Spanish pronunciation

Read the pronunciation as if it were an English word, but remember the following points about how Spanish words are said:

- Most Spanish words have a part that you stress, or say louder (like the "day" part of the English word "today"). So that you know which part of each word you should stress, it is shown in capital letters.

- The Spanish **r** is made by a flap of the tip of your tongue on the top of your mouth. At the beginning of the word, it is rolled like **rr** (see below).

- The Spanish **rr** is a rolled "rrrrr" sound. It is shown as "rr" in the pronunciations.

- A few Spanish words are said differently depending on what part of the world you are in. When you see "th" in the pronunciations, it is said like "th" in "thin" in most of Spain. But in southern Spain and in South America, it is said like the "s" in "say".

- When you see "g" in a pronunciation, say it like the "g" in garden.

a		
la abeja	*la aBEha*	bee
el abrigo	*el aBREEgo*	apron
la abuela	*la aBWEla*	grandmother
el abuelo	*el aBWElo*	grandfather
las acciones	*lass aktheeONess*	actions
el agua	*el Agwa*	water
el aguacate	*el agwaKAtay*	avocado
el albaricoque	*el albareeKOKay*	apricot
el albornoz	*el alborNOTH*	bathrobe
el álbum de fotos	*el Alboom day FOtoss*	photograph album
la alfombra	*la alFOMbra*	carpet
los alimentos	*loss aleeMENtoss*	food
la almohada	*la almo-Ada*	pillow
amarillo	*amaREEL-yo*	yellow
la ambulancia	*la ambooLANthee-a*	ambulance
andar	*anDAR*	to walk
el aparcamiento	*el aparkaMYENto*	car park
el apio	*el Apee-o*	celery
la araña	*la aRANya*	spider
las arañas	*lass aRANyas*	spiders
el árbol	*el ARbol*	tree
el arroz	*el aRROTH*	rice
el aspirador	*el asspeeraDOR*	vacuum cleaner
el astronauta	*el asstronA-OOta*	astronaut
el ático	*el Ateeko*	attic
los auriculares	*loss a-ooreekooLARess*	headphones
el autobús	*el aa-ootoBOOSS*	bus
el avión	*el abee-ON*	plane
la azada	*la aTHAda*	hoe
el azúcar	*el aTHOOkar*	sugar
azul	*aTHOOL*	blue
b		
el babero	*el baBAIRo*	bib
la babosa	*la baBOssa*	slug
la bailarina	*la bylaREEna*	dancer (woman)
el balón de fútbol	*el baLON day FOOTbol*	football
los balones de fútbol	*loss baLOness day FOOTbol*	footballs
el bañador	*el banyaDOR*	swimming trunks
la bandeja	*la banDEha*	tray
la bañera	*la banYAIRa*	bath
la barbacoa	*la barba-KO-a*	barbecue
el barco	*el BARko*	boat
los barcos	*loss BARkos*	boats
el bebé	*el beBAY*	baby
beber	*beBER*	to drink
la berenjena	*la berenHENa*	aubergine
besar	*bessAR*	to kiss
la bicicleta	*la beetheeKLEta*	bicycle
el bikini	*el beeKEEnee*	bikini
el billete	*el beel-YETai*	ticket
blanco	*BLANko*	white
la boca	*la BOka*	mouth
el bolígrafo	*el boLEEgrafo*	ink pen
los bolígrafos	*loss boLEEgrafos*	pens
la bolsita de té	*la bolSEEta day TAY*	tea bag
el bombero	*el bomBAIRO*	fireman
la bota	*la BOta*	boot
el botón	*el boTON*	button
la braga	*la BRAga*	pants
el brazo	*el BRAtho*	arm
el brócoli	*el BROKolee*	broccoli
la bufanda	*la booFANda*	scarf
el burro	*el BOOrro*	donkey
c		
el caballete	*el kabalYEte*	easel
el caballo	*el kaBALyo*	horse
la cabeza	*la kaBETHa*	head
la cabra	*la KAbra*	goat

los cacahuetes	*loss kakaWETess*	peanuts
el cachorro	*el kaCHOrro*	puppy
el café	*el kaFAY*	café/coffee
la caja de cartón	*la KA-ha day karTON*	cardboard box
la caja de herramientas	*la KAha day erramee-ENtass*	toolbox
el calabacín	*el kalabaTHEEN*	courgette
el calcetín	*el kaltheTEEN*	sock
la calculadora	*la kalkoolaDOra*	calculator
la calle	*la KALyay*	street
la cama	*la KAma*	bed
la cámara de fotos	*la KAmara day FOtoss*	camera
el camarero	*el kamaRAIRo*	waiter
el camión	*el kamee-ON*	lorry
el camión de bomberos	*el kamee-ON day bomBAIRoss*	fire engine
la camisa	*la kaMEESSa*	shirt
la camiseta	*la kameeSSETa*	T-shirt/vest
el camping	*el KAMpeeng*	campsite
la canoa	*la kaNO-a*	canoe
cantar	*kanTAR*	to sing
el caracol	*el karaKOL*	snail
el caramelo	*el karaMElo*	sweet
la caravana	*la karaVANa*	caravan
la carnicería	*el karneetheREE-a*	butcher's
el carrete de fotos	*el kaRRETay day FOtoss*	film (camera)
la carretilla	*la karreTEELya*	wheelbarrow
la carta	*la KARta*	letter
las cartas	*lass KARtas*	playing cards
la casa	*la KAsa*	house
el casco	*el KASSko*	helmet
la caseta del perro	*la ka-SEta del PErro*	kennel
el casete	*el kaSETay*	cassette
los casetes	*loss kaSSETess*	cassettes
catorce	*kaTORthay*	fourteen
el cazo	*el KAtho*	saucepan
la cebolla	*la theBOLya*	onion
el cepillo	*el thePEELyo*	brush
el cepillo de dientes	*el thePEELyo day dee-ENtess*	toothbrush
el cerdito	*el thairDEEto*	piglet
el cerdo	*el THAIRdo*	pig
los cereales	*los therayAless*	cereals
la cereza	*la theREtha*	cherry
la cerilla	*la theREElya*	match
el champiñón	*el champeenYON*	mushroom
el champú	*el tshamPOO*	shampoo
el chandal	*el chanDAL*	tracksuit
la chapa	*la CHApa*	badge
la chaqueta	*la chaKEta*	cardigan
la chica	*la CHEEka*	girl
el chico	*el CHEEko*	boy
el chile	*el CHEElee*	chilli pepper
la chimenea	*la cheemeNAYa*	fireplace
el chocolate	*el chokoLAtay*	chocolate
el chorizo	*el choREEtho*	salami
cinco	*THEENko*	five
el cine	*el THEEne*	cinema
la cinta	*la THEENta*	ribbon
la cinta adhesiva	*la THEENta adesEEba*	tape
la cinta de vídeo	*la THEENta day BEEdayo*	video tape
el cinturón	*el theentooRON*	belt
el círculo	*el THEERkoolo*	circle
la ciruela	*la theerWEla*	plum
la ciudad	*la theeooDATH*	town
la clase	*la KLA-say*	classroom
el clavo	*el KLA-bo*	nail
el coche	*el KOchay*	car
el coche de carreras	*el KOchay day kaRRAIRass*	racing car
el coche de policía	*el KOchay day poleeTHEE-a*	police car
el cochecito de niño	*el kocheTHEEto day NEENyo*	pram
el coche deportivo	*el KOchay deportTEEbo*	sports car
los coches	*loss KOchess*	cars
la cocina	*la koTHEEna*	kitchen/cooker
el coco	*el KOko*	coconut
el cocodrilo	*el cocoDREElo*	crocodile
el codo	*el KOdo*	elbow
el cohete	*el ko-Etay*	rocket
el cojín	*el koHEEN*	cushion
la col	*la kol*	cabbage
el colador	*el kolaDOR*	sieve
el colegio	*el koLEheeyo*	school
el colgador	*el kolgaDOR*	clothes peg
la coliflor	*la koleeFLOR*	cauliflower
los colores	*loss koLORess*	colours
los columpios	*loss koLOOMpee-oss*	swings
comer	*koMER*	to eat
la cometa	*la koMETa*	kite
la cómoda	*la KOmoda*	chest of drawers
el conejo	*el koNEho*	rabbit
la corbata	*la korBAta*	tie
el cordero	*el korDAIRo*	lamb
correr	*koRRAIR*	to run
el cortacésped	*el kortaTHESSped*	lawnmower
cortar	*korTAR*	to cut
la cortina	*la korTEEna*	curtain
la cremallera	*la kremalYAIRa*	zip
el cuaderno	*el kwaDAIRno*	exercise book
el cuadrado	*el kwaDRAdo*	square
el cuarto de baño	*el KWARto day BANyo*	bathroom
el cuarto de estar	*el KWARto de essTAR*	living room
cuatro	*KWAtro*	four
el cubo	*el KOObo*	bucket
el cubo de la basura	*el KOObo day baSSOOra*	bin
los cubos	*loss KOOboss*	(toy) bricks
la cuchara	*la kooCHArra*	spoon
el cuchillo	*el kooCHEELyo*	knife
la cuerda	*la KWAIRda*	string/rope
el cuerpo	*el KWAIRpo*	body

d

dar patadas al balón	*dar paTAdass al baLON*	to kick the ball
el dedo	*el DEdo*	finger
el delantal	*el delanTAL*	apron
el despertador	*el despertaDOR*	alarm clock
el destornillador	*el desstorneelyaDOR*	screwdriver
el detergente	*el detairHENtay*	washing-up liquid
dibujar	*deebooHAR*	to draw
diecinueve	*dee-etheeNWEWbay*	nineteen
dieciocho	*dee-ethee-Ocho*	eighteen
dieciséis	*dee-etheeSAYSS*	sixteen
diecisiete	*dee-etheesee-Etay*	seventeen
los dientes	*los dee-ENtes*	teeth
diez	*dee-ETH*	ten
el dinero	*el deeNAIRo*	money
el disco compacto	*el DEESko komPAKto*	CD
doce	*DOthay*	twelve
dormir	*dorMEER*	to sleep
el dormitorio	*el dormeeTORee-o*	bedroom
dos	*doss*	two
la ducha	*la DOOcha*	shower

e

el edredón	*el edreDON*	duvet
el elefante	*el eleFANtay*	elephant
empujar	*empooHAR*	to push
las escaleras	*lass esskaLAIRass*	stairs
la escavadora	*la esskabaDORa*	digger

el escobón	*el eskoBON*	broom
escribir	*esskreeBEER*	to write
el escritorio	*el esskreeTOReeyo*	desk
la espalda	*la essPALda*	back (part of the body)
el espejo	*el essPEho*	mirror
las espinacas	*lass esspeeNAkass*	spinach
la esponja	*la essPONha*	sponge
el estanque	*el essTANkay*	pond
estar de pie	*essTAR de pee-AY*	to stand
el estéreo	*el essTAIRayo*	stereo
la estrella	*la essTRELya*	star
el estudio	*el essTOOdeeyo*	study

f

la falda	*la FALda*	skirt
la familia	*la faMEELya*	family
la farmacia	*la farMATHeeya*	chemist
la farola	*la faROla*	lamppost
la fiesta	*la fee-ESSta*	party
la flauta	*la FLA-OOta*	recorder
la flor	*la flor*	flower
las formas	*lass FORmass*	shapes
la fotografía	*la fotograFEEya*	photograph
la frambuesa	*la framBWEssa*	raspberry
el fregadero	*el fregaDAIRo*	sink
la fresa	*la FREssa*	strawberry
el frigorífico	*el freegoREEfeeko*	fridge
el frutero	*el frooTAIRo*	fruit bowl
la furgoneta	*la foorgoNETa*	van

g

las gafas	*lass GAfass*	glasses
las gafas de sol	*lass GAfass day ssol*	sunglasses
la galleta	*la galYETa*	biscuit
la gallina	*la galYEENa*	hen
el gallo	*el GALyo*	cock
la gamba	*la GAMba*	prawn
la gasolinera	*la gassoleeNEra*	petrol station
el gatito	*el gaTEEto*	kitten
los gatitos	*loss gaTEEtoss*	kittens
el gato	*el GAto*	cat
el globo	*el GLObo*	balloon
el globo aéreo	*el GLObo a-Erayo*	hot-air balloon
la goma	*la GOma*	rubber
la gorra	*la GORRa*	cap
la grabadora	*la grabaDORa*	cassette player
el granero	*el graNAIRo*	barn
la granja	*la GRANha*	farm
el granjero	*el granHAIRo*	farmer
el grifo	*el GREEfo*	tap
gris	*GREESS*	grey
el guante	*el GWANtay*	glove
los guisantes	*loss geeSSANtess*	peas
la guitarra	*la geeTARRa*	guitar
el gusano	*el gooSSAno*	worm
los gusanos	*loss goo-SAnoss*	worms

h

la hamburguesa	*la amboorGESSa*	hamburger
la harina	*la aREEna*	flour
el helado	*el eLAdo*	ice cream
el helicóptero	*el eleeKOPtairo*	helicopter
la hermana	*la airMANa*	sister
el hermano	*el airMANo*	brother
la hija	*la EEha*	daughter
el hijo	*el EEho*	son
la hoja	*la Oha*	leaf
la hormiga	*la orMEEga*	ant
el hospital	*el osspeeTAL*	hospital
el hueso	*el WEsso*	bone
el huevo	*el WEbo*	egg

i

el interruptor de la luz	*el eenterroopTOR day la LOOTH*	light switch

j

el jabón	*el haBON*	soap
el jamón	*el haMON*	ham
el jardín	*el harDEEN*	garden
la jarra	*la HArra*	jug
el jarrón	*el haRRON*	vase
el jersey	*el hairSSAY*	jumper
la jirafa	*la heeRAfa*	giraffe
las judías verdes	*lass hooDEE-ass VAIRdess*	green beans
los juguetes	*loss hooGETess*	toys

k

el kiwi	*el KEEwee*	kiwi

l

la lámpara	*la LAMpara*	lamp
el lápiz	*el LApeeth*	pencil
la lata	*la LAta*	can
el lavabo	*el LAbabo*	washbasin
la lavadora	*la labaDORa*	washing machine
el lavaplatos	*el labaPLAtoss*	dishwasher
lavarse	*laBARssay*	to wash yourself
la leche	*la LEchay*	milk
la lechuga	*la leCHOOga*	lettuce
leer	*layAIR*	to read
la lengua	*la LENgwa*	tongue
el león	*el layON*	lion
los leotardos	*loss layoTARdoss*	tights
el libro	*el LEEbro*	book
la lima	*la LEEma*	lime
el limón	*el leeMON*	lemon
la linterna	*la leenTAIRna*	torch
la llave	*la LYAbay*	key
la llave inglesa	*la LYAbay eenGLESSa*	spanner
llorar	*lyoRAR*	to cry

m

la maceta	*la maTHEta*	flowerpot
la madre	*la MAdray*	mother
el maíz	*el ma-EETH*	sweetcorn
la maleta	*la maLETa*	suitcase
el mango	*el MANgo*	mango
la manguera	*la manGAIRa*	hose
la manilla	*la maNEELya*	door handle
la mano	*la MAno*	hand
la manta	*la MANta*	blanket
la mantequilla	*la manteKEELya*	butter
la manzana	*la manTHAna*	apple
las manzanas	*lass manTHAnass*	apples
el mapa	*el MApa*	map
la máquina de coser	*la MAkeena day kosSAIR*	sewing machine
la marioneta	*la maree-oNETa*	puppet
la mariposa	*la mareePOSSa*	butterfly
la mariquita	*la mareeKEEta*	ladybird
marrón	*maRRON*	brown
el martillo	*el marTEELyo*	hammer
la medialuna	*la MEdee-a-LOOna*	crescent
la médica	*la MEdeeka*	doctor (woman)
el melocotón	*el melokoTON*	peach
el melón	*el meLON*	melon
la mermelada	*la mairmeLAda*	jam
la mesa	*la MEsa*	table
la mesilla	*la meSSEELya*	bedside table
el microondas	*la meekro-ONdass*	microwave
la miel	*la mee-EL*	honey
la mochila	*la moCHEELa*	backpack

el monedero	*el moneDAIRo*	purse
el monopatín	*el monopaTEEN*	skateboard
montar en bicicleta	*monTAR en beetheeKLETa*	to cycle
montar a caballo	*monTAR a kaBALyo*	to horse ride
la moqueta	*la moKEta*	carpet
morado	*moRAdo*	purple
la mostaza	*la mossTAtha*	mustard
la moto	*la MOto*	motorbike
la muñeca	*la moonYAYka*	doll

n

naranja	*naRANha*	orange (colour)
la naranja	*la naRANha*	orange (fruit)
la nariz	*la naREETH*	nose
la nata	*la NAta*	cream
la navaja	*la naBAha*	penknife
la nave espacial	*la NAbay espathee-AL*	spaceship
negro	*NEgro*	black
el nido	*el NEEdo*	nest
la nieta	*la nee-ETa*	granddaughter
el nieto	*el nee-ETo*	grandson
nueve	*NWEbay*	nine
los números	*loss NOOmaiross*	numbers

o

la oca	*la Oka*	goose
ocho	*Ocho*	eight
la oficina de correos	*la offee-THEEna day koRRREoss*	post office
el ojo	*el Ocho*	eye
el ombligo	*el omBLEEgo*	tummy button
once	*ONthay*	eleven
el ordenador	*el ordenaDOR*	computer
la oreja	*la oREha*	ear
el orinal	*el oreeNAL*	potty
la oruga	*la oROOga*	caterpillar
el osito de peluche	*el osSEEto day peLOOchay*	teddy bear
los ositos de peluche	*loss osSEEtoss day peLOOchay*	teddy bears
el óvalo	*el Obalo*	oval
la oveja	*la oBEha*	sheep

p

el padre	*el PAdray*	father
la paja	*la PAya*	(drinking) straw
el pájaro	*el PAharo*	bird
los pájaros	*loss PAhaross*	birds
la pala	*la PAla*	spade
las palomitas	*lass paloMEEtass*	popcorn
el pan	*el PAN*	bread
la panadería	*la panadeREEya*	baker's
el panadero	*el panaDAIRO*	baker (man)
la panceta	*la panTHEta*	bacon
la pandereta	*la pandeRETa*	tambourine
los pantalones	*loss pantaLOness*	trousers
los pantalones cortos	*loss pantaLOness KORtoss*	shorts
el papel	*el paPEL*	paper
el papel higiénico	*el paPEL eehee-ENeeko*	toilet paper
la parada de autobús	*la paRAda de aootoBOOss*	bus stop
el paraguas	*el paRAgwass*	umbrella
el parque	*el PARkay*	park
el pasamanos	*el passa-MAnoss*	bannister
el pasaporte	*el passaPORte*	passport
las pasas	*lass PASSass*	raisins
la pasta	*la PASSta*	pasta
la pasta de dientes	*la PASSta day dee-ENtess*	toothpaste
la patata	*la paTAta*	potato
las patatas fritas	*lass paTAtass FREEtass*	chips/crisps
el patinete	*el pateeNETay*	scooter
el patito	*el paTEEto*	duckling
el pato	*el PAto*	duck
el pavo	*el PAbo*	turkey
el payaso	*el paYAsso*	clown
el pegamento	*el pegaMENto*	glue
pegar	*peGAR*	to stick
el peine	*el PAYnay*	comb
el pelo	*el PElo*	hair
el pelo corto	*el PElo KORto*	short hair
el pelo largo	*el PElo LARgo*	long hair
el pelo liso	*el PElo LEE-so*	straight hair
el pelo rizado	*el PElo ree-THAdo*	curly hair
el pepino	*el pePEEno*	cucumber
la pera	*la PEra*	pear
el periódico	*el peree-Odeeko*	newspaper
el perrito caliente	*el peRREEto kaleeYENtay*	hotdog
el perro	*el PErro*	dog
la persiana	*la pairsee-Ana*	blind
el pescado	*el pesKAdo*	fish
el peto	*el PEto*	dungarees
el piano	*el pee-Ano*	piano
el pie	*el pee-AY*	foot
la pierna	*la pee-AIRna*	leg
el pijama	*el pee-HAma*	pyjamas
la pimienta	*la peemee-YENta*	(black) pepper
el pimiento	*el peemeeYENto*	pepper
la piña	*la PEEnya*	pineapple
el pincel	*el peenTHEL*	paintbrush
pintar	*peenTAR*	to paint
la pintura	*la peenTORa*	paint
la pintura de cera	*la peenTORa day THAIRa*	crayon
las pinturas de cera	*lass peenTORass day THAIRa*	crayons
el pirata	*el peeRATa*	pirate
la piscina	*la peessTHEEna*	swimming pool
la piscina para niños	*la peessTHEEna para NEEnyoss*	paddling pool
la pizarra	*la peeTHArra*	chalkboard
la pizza	*la PEETza*	pizza
la plancha	*la PLANcha*	iron
la planta	*la PLANta*	plant
el plátano	*el PLAtano*	banana
el platillo	*el plaTEELyo*	saucer
el plato	*el PLAto*	plate
el policía	*el poleeTHEE-a*	policeman
la polilla	*la poLEELya*	moth
el pollito	*el poLYEEto*	chick
el pollo	*el POlyo*	chicken
el pomelo	*el poMELo*	grapefruit
los prismáticos	*loss preessMATeekoss*	binoculars
el profesor	*el profeSSOR*	teacher (male)
el puente	*el PWENtay*	bridge
el puerro	*el PWErro*	leek
la puerta	*la PWAIRta*	door
el pulgar	*el poolGAR*	thumb

q

el queso	*el KEsso*	cheese
quince	*KEENthay*	fifteen

r

la radio	*la RAdee-o*	radio
la raqueta de tenis	*la raKEta day TEneess*	tennis racket
el rastrillo	*el rasTREELyo*	rake
el ratón	*el raTON*	computer mouse/mouse
los ratones	*loss raTONess*	mice
el recogedor	*el rekoheDOR*	dustpan
el rectángulo	*el recTANgoolo*	rectangle

la regadera	*la regaDAIRa*	watering can	
el regalo	*el reGAlo*	present (gift)	
la regla	*la REgla*	ruler	
reír	*rayEER*	to laugh	
el reloj	*el reLOH*	clock/watch	
la remolacha	*la remoLAcha*	beetroot	
la revista	*la reBEESSta*	magazine	
el robot	*el roBOT*	robot	
la rodilla	*la roDEELya*	knee	
rojo	*ROho*	red	
el rompecabezas	*el rompaykaBEthass*	jigsaw puzzle	
la ropa	*la ROpa*	clothes	
rosa	*ROssa*	pink	
el rotulador	*el rotoolaDOR*	felt-tip pen	
la rueda	*la RWEda*	wheel/roundabout	
s el sacapuntas	*el sakaPOONtass*	pencil sharpener	
la sal	*la SAL*	salt	
la salchicha	*la salCHEEcha*	sausage	
saltar	*salTAR*	to jump	
saludar	*salooDAR*	to wave	
la sandalia	*la sanDALeeya*	sandal	
la sandía	*la sanDEEya*	watermelon	
el sandwich	*el SANDveech*	sandwich	
la sartén	*la sarTEN*	frying pan	
seis	*SAYSS*	six	
las semillas	*lass seMEELyas*	seeds	
sentarse	*senTARsse*	to sit down	
la serpiente	*la sairpee-ENtay*	snake	
la sierra	*la see-Erra*	saw	
siete	*see-Etay*	seven	
la silla	*la SEELya*	chair	
la silla alta para niños	*la SEELya ALta para NEEnyoss*	highchair	
la silla de ruedas	*la SEELya day RWEdass*	wheelchair	
la silleta	*la seelYEta*	pushchair	
el sillón	*el seelYON*	armchair	
la sirena	*la seeRENa*	mermaid	
el sofá	*el soFA*	sofa	
el sombrero	*el somBRAIRo*	hat	
sonreír	*sonrayEER*	to smile	
la sopa	*la SOpa*	soup	
el subibaja	*el soobeeBAha*	seesaw	
el submarino	*el soobmaREEno*	submarine	
el suéter	*el SWEtair*	sweatshirt	
el supermercado	*el soopermerKAdo*	supermarket	
t la tabla de planchar	*la TAbla day planCHAR*	ironing board	
el taburete	*el tabooRETay*	stool	
el taller	*el talYAIR*	workshop	
el tambor	*el tamBOR*	drum	
el tapón	*el taPON*	plug	
la tarjeta	*la tarHETa*	card	
la tarta	*la TARta*	cake	
el taxi	*el TAKsee*	taxi	
la taza	*la TAtha*	cup	
las tazas	*lass TAthass*	cups	
el tazón	*el taTHON*	bowl/cup	
el tejado	*el teHAdo*	roof	
el teleférico	*el teleFEreeko*	cable car	
el teléfono	*el teLEFono*	telephone	
la televisión	*la telebeessee-ON*	television	
el tenedor	*el teneDOR*	fork	
el ternero	*el tairNAIRo*	calf	
la tienda de campaña	*la tee-ENda day kamPANya*	tent	
las tiendas	*lass tee-ENdass*	shops	
las tijeras	*lass teeHAIRass*	scissors	
los tirantes	*loss teeRANtess*	braces	
tirar	*teeRAR*	to pull	
la tiza	*la TEEtha*	chalk	
la toalla	*la toALya*	towel	
el tobogán	*el toboGAN*	slide	
el tomate	*el toMAtay*	tomato	
el tomate ketchup	*el toMATay ketCHOO*	tomato ketchup	
los tomates	*loss toMAtess*	tomatoes	
el torno de banco	*el TORno day BANko*	vice	
el toro	*el TOro*	bull	
el tostador de pan	*el tostaDOR day PAN*	toaster	
el tractor	*el trakTOR*	tractor	
el traje de baño	*el TRAhay day BANyo*	swimsuit	
el transporte	*el tranSPORtay*	transport	
el trasero	*el traSAIRo*	bottom (part of the body)	
trece	*TREthay*	thirteen	
el tren	*el TREN*	train	
tres	*TRESS*	three	
el triángulo	*el tree-ANgoolo*	triangle	
la tripa	*la TREEpa*	tummy	
la trompeta	*la tromPEta*	trumpet	
u uno	*OOno*	one	
las uvas	*las OObas*	grapes	
v la vaca	*la BAka*	cow	
la valla	*la BAlya*	gate (on a fence)	
el vaquero	*el baKAIRo*	cowboy	
los vaqueros	*loss baKAIRoss*	jeans	
el váter	*el BAtair*	toilet	
veinte	*BAYntay*	twenty	
la vela	*la BEla*	candle	
la ventana	*la benTAna*	window	
verde	*BAIRday*	green	
el vestíbulo	*el beSTEEboolo*	hall	
el vestido	*el besSTEEdo*	dress	
el vídeo	*el BEEday-o*	video recorder	
y el yogur	*el yoGOOR*	yoghurt	
z la zanahoria	*la thana-ORee-a*	carrot	
la zapatilla	*la thapaTEELya*	slipper	
la zapatilla de ballet	*la thapaTEELya day baLET*	ballet shoe	
la zapatilla de deporte	*la thapaTEELya day dePORtay*	trainers	
el zapato	*el thaPAto*	shoe	
el zumo	*el THOOmo*	juice	

Additional models: Les Pickstock, Barry Jones, Stef Lumley and Karen Krige. With thanks to Vicki Groombridge, Nicole Irving and the Model Shop, 151 City Road, London.

First published in 2001 by Usborne Publishing Ltd, Usborne House, 83-85 Saffron Hill, London EC1N 8RT, England. www.usborne.com
Copyright © 2001 Usborne Publishing Ltd.

The name Usborne and the devices are Trade Marks of Usborne Publishing Ltd. All rights reserved. No part of this publication may be reproduced, stored in a retrieval system, or transmitted in any form or by any means, electronic, mechanical, photocopying, recording or otherwise, without the prior permission of the publisher.

Printed in Spain.